花と遊ぶ
赤井 勝
Flower Method
Akai Masaru

朝日出版社

Prologue
赤井 勝と花

「花は世界の共通語」。
これは、花人（かじん）としての私のテーマです。

言葉が通じなくても、境遇が違っても、
花を見て「綺麗だな」と、ほほ笑み合うだけで
心が通うこと、ありますよね。

そんな世界の共通語である花を
もっと気軽に楽しんでほしいのです。

花を飾ることを、私は「装花（そうか）」と呼んでいます。
装花……それは自分を含め、見る人を心地よくするための
おもてなしの手段。

だからといって、堅苦しく考えたり
形式や観念にとらわれることはありません。
自分の好きなように、大切な人に喜んでもらえるように……
そんな思いを込めて、自由な発想で装花するのが理想です。

でも、「自由に」というのが実は一番難しい。
そこで、自由な発想のきっかけになったら……
「あ、こんな方法もあるのか」と、
冒険心を刺激することができれば、うれしい限りです。

花を触る機会がなかった人も、
花の世界にちょっと足を踏み入れたままの人も、
花器や道具を買いっぱなしにしている人も、
そしてもちろん、花が大好きでどっぷり浸かっている人も。
この本をきっかけに
もっともっと、花で遊んでください。

Flower Method ｜花と遊ぶ　目次

Prologue　赤井 勝と花………3

Flower Method 01
花を活かす……………………7

Technique 1　盛る………8
Technique 2　置く………12
Technique 3　詰める………16
Technique 4　浮かべる………18
Technique 5　並べる………20
Technique 6　重ねる………22
Technique 7　留める………24
Technique 8　吊るす………26
Technique 9　ためる………28

Flower Method 02
花と楽しむ…………………31

身近なモノを使って組み合わせ………32
ハーブ×食器………32
ベリー×グラス………34
コスモス×しょう油入れ×新聞………36
ヒマワリ×空きビン………38
マリーゴールド×空きカン………40
アルストロメリア×ホーロー容器………42
夏ハゼ×傘立て………44
ホオズキ×氷………46

対比を楽しむ………48
黒と白………48
無機質とナチュラル………50
終わりと始まり………52

同じ花材で2パターンアレンジ………54
アジサイ………54
リンドウ………56

こんなところに、花………58
カーネーション………58
スモークツリー………60

Flower Method 03
花と話す……………………63

ヒマワリって、
元気なだけじゃない。………64

しおれない、しぼまない。
ないと寂しい、暑苦しさ。………66

"雑草"でおもてなし。
花を使わなくても、華やかさは生み出せる。………68

燃えてこそ……生き残る花もある。………70

トルコ生まれじゃないけど、
トルコキキョウ。………72

自分の綺麗を生み出すエリアこそ、
エレガントに。………74

花には、物語をもたせる。………76

食わず嫌いは、もったいない。………78

Flower Method 04
花を魅せる……………………81

1輪で魅せる………82
1種類で魅せる………84
2種類で魅せる………86
花びらを魅せる………88
蕾を魅せる………90
葉を魅せる………92
茎を魅せる………94
虫食いを魅せる………96
量を魅せる………98
色を魅せる………100
形を魅せる………102
質感を魅せる………104
香りを魅せる………106
角度で魅せる………108
気分で魅せる………110

Flower Method 05
花を贈る……………………113

特別な日に、心を伝える花………114
おもてなし………114
贈り物………115
母の日………116
父の日………117
お祝い………118
クリスマス………119
お正月………120

Flower Index　花材名索引………123

Flower Method | 01

花を活かす

花は「活ける」のではなく、花そのものの魅力を最大限に「活かす」ことが重要です。そこに高度な技術や難しい知識は要りません。まずは簡単なテクニックをキーワードに、デザインの発想を指南します。

point

● 手持ちの器の形も活かし、寄り添うように乗せていきます。あふれ出すように盛ると、躍動感が出ます。

● "1つのかたまりの花"に見えないよう、色の濃淡をつけて。先端の色や形の違いを目立たせるため、サイドを濃い色で挟み、上部に薄い色を。

華やかさの掛け算。
色の濃淡でドラマティックに。

ダリアは、まるで花火のように広がった花びらが命。
繊細さ、丸いフォルムを堪能するため、
茎から花先だけを短めに切り取って、
ポン・ポン・ポンと盛ると、
一気にダリアの魅力が広がります。

花材●ダリア

Technique | 1

盛る

カジュアルな花も、
盛ることでラグジュアリーに。

一重咲きのものより重みのある、
八重咲きのガーベラ。
ポッテリとした花の可愛らしさを引き立たせるには、
盛るのが一番。カジュアルな花なのに贅沢感が増し、
可愛さも爆発です。

花材●ガーベラ、リプサリス

point
- 背景となる壁紙の色も考慮して花の色を決めると、部屋全体のトーンがまとまって、より花の存在感が出ます。
- ドーム型にまとめようとすると、すべての"花の顔"が表面にキチンと見えていないと……と思いがち。しかし、あえて数本の"花の顔"を沈ませることで、立体感が生まれ、花のフォルムが際立ちます。

Technique | 1

盛る

01 花を活かす

皿は額縁。花で絵を描くように、アートを完成させる。

フレンチなどで、あらかじめセッティングされ、
料理の始まりとともに下げられる美しい飾り皿、ショープレート。
そんなショープレートで、花を魅せましょう。
少しの花でも、オリジナル感が打ち出せるハズです。

point
● 2種類の同色のバラを花首で切り、皿の絵柄と色に合わせて置いていきます。中央に種類の違う花を置いて、咲き方の違いを楽しんで。
● ショープレートは別の場所に移動させてもOK。クロスやキャンドルなどの小物も合わせやすく、簡単に非日常を演出できます。

花材●バラ

Technique | 2
置く

01 花を活かす | 13

point

● 平たい皿を2枚重ねて、芍薬を1輪、皿のフチに引っかけるように置きます。ハートカズラをグルリと這わせると、動きがつき、全体が締まります。

● 芍薬の花の色を浮き立たせる、薄い色の皿を使います。皿の輪郭を際立たせるべく、茶色の革を張った椅子の上に配置。椅子も"込み"で、1つの作品です。

花のベストアングルで、飾り方をチョイス。置く場所・背景もトータルで考えて。

近年、とても人気を得ている芍薬。
幾重にも重なった花びらのゴージャスさは、女性の心を掴んで離しません。オーラを放つように、艶やかに咲く芍薬は真上から見るのがベストアングル。

花材● 芍薬、ハートカズラ

Technique 2
置く

point
- 深めの入れ物に水を張り、フラワーボックスのようにバラを一面に詰めます。アクセントとしてグリーンをチョロンと外へ。
- 見えないと、見たくなる。そんな人間の心理をくすぐるため、容器はなるべく、深めのものがおすすめ。

のぞき込んで、初めて全体像が見えるワクワク感。
遠くからでも、近くでも、楽しめる花活け。

「あの容器の中には何が……」遠くから見ると、グリーン1本だけが目に飛び込んできて妄想を掻き立てます。
そうして近づいたときに見える、一面のバラ。
ワクワクした気持ちからの……驚きにも似た感激。

花材 ● バラ、スプレーバラ、レインボーファン

Technique | 3
詰める

葉物は裏側も綺麗。
だから、あえて見せてみる。

横長の皿に、葉物を裏返した状態で浮かべて、
4種類の和バラを飾りました。
綺麗な女性って、顔だけじゃなく、背中まで綺麗でしょう?
花や葉物もそう。綺麗なものは、裏側まで綺麗。
だから、うつぶせで浮かべて裏側を思いきり見せて。
そんな小さな挑戦が、新たな世界観をつくりだします。

point
- バラを皿のはじっこに、かたまりにして置いていきます。反対側には葉を。浮かべたり、立てかけたりして"裏"を見せます。
- 皿に張る水も大事な演出の要素。たっぷりスペースを空けて水を"見せる"ことで、窓辺に差し込んだ日差しが水面にキラキラと反射するなど、時間によって変化する美しさも楽しめます。

花材 ● バラ、スプレーバラ、ヒューケラ

Technique | 4
浮かべる

point
● インテリアと同じく、濃い色を低い位置に持ってくることで、目線が上に向かって広がり、軽やかかつ、ラインが美しく映ります。
● 1つ1つの小さな光が集まって、まばゆいイルミネーションが完成するように、小さな花は1つ1つ、個別のビンに挿して集合体にすると、可愛らしさが倍増します。色つきのビンを用いるなど、小物でアクセントをつけても。

小さな花は、数を並べて、イルミネーションのような華やかさに。

小さな花は、まとめて大きい花器に入れて「塊」として見せたり、小さい花器に1、2本ずつ入れて「集合体」にしたりと、自由自在。
色や高さのグラデーションを楽しみましょう。

花材●スカビオサ

Technique | 5
並べる

01 花を活かす | 21

22 | 花と遊ぶ Flower Method

point
- 重ねた葉の厚みと重みを利用し、花を留め、アクセントに。緑の色合い、形状、質感の違いが、より表情を豊かにしてくれます。
- 主役である葉は、霧吹きなどで表面に水をかけると、みずみずしさを演出できます。

ミルフィーユのように何層にも重ねて。フォルムを豊かに変化させる。

薄い葉を重ねてボリュームを出す見せ方です。
"重ねる"とは、豊かになること。音色を重ねると、
楽曲が重厚になるように。チュールを重ねると、
ラグジュアリーなドレスになるように。葉だって重ねると、
立派な装花になるんです。

花材●クルクマ、ヤツデ、ゲーラック

Technique | 6
重ねる

道具がなければ「あるもの」で。
思い込みをなくせば、
方法は無限大∞。

「花を留めたいのに、剣山がない」
と、途方に暮れていませんか?
道具がなければ、あるもので留めればいいんです。
皿やブドウ、ワインのコルク……
留める方法は、発想次第でいくらでも!

point
- 皿を重ねて、その間にカラーを挟んだり、ブドウをたっぷり詰めて、その間にカラーを挿し込んだり。ワインのコルクを入れ物に敷き詰めて、オアシス代わりに花を留めても可愛いです。
- 洋服の着回しを楽しむのと同じように、花も「こうでなければ」という観念を取り払って、自由に、好きなように"着回し"してあげましょう。

花材●カラー、ブドウ

Technique | 7

留める

01 花を活かす

"ゾーン分け"しやすい窓際で、吊るしてゆらゆら空中装花。

花を飾るスペースはどこにでもあります。
そのための空間をつくればいいんです。
たとえば窓際。窓という額縁があるので、
他の場所と区切る"ゾーン分け"が既に確立されています。
だから、世界観がつくりやすいんです。

point
● 栄養ドリンクなどの空きビンに麻紐を巻き付けて、カーテンレールに吊るし、花やグリーンを入れます。長さや角度を変えて吊るせば、"アンバランスなバランス"が楽しめます。
● 窓際は吊るす場所としては、最適。光が差し込んだり風で揺れたり。動く様子がなんとも可愛らしく、楽しいですよ。

花材 ● マトリカリア、コロニラバリエガーダ、グリーンネックレス

Technique | 8

吊るす

茎本来のラインの美しさ。
しっかり"ためて"……さらに強調。

花を楽しむとき、花を観るのは当たり前ですが、
実は茎も、堪能すべき魅力あふれるところなんです。
アガパンサスのスラリと伸びた繊細な茎は、
しっかりと"ためる（＝しならせる）"ことで、
ラインの流れを強調してあげるのがポイント。

point
- 茎をためたアガパンサスを、数個の空きビンに入れてクロスさせるように置いていくと、まるで、ラインアートのようなリズムに。
- 背が高い花は視線が上にばかり向きがち。下方にエケベリア（多肉植物）や辞書など、重めのものを配置すると、締まってエリア全体のバランスが整います。

花材●アガパンサス、エケベリア

Technique | 9

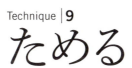

ためる

01 花を活かす

Flower Method | 02
花と楽しむ

何よりも大切なのは、花と遊ぶように楽しむこと。ルールはありません。が、ちょっとしたコツを教えます。意外な物や場所にも、花はよく合います。様式にとらわれず、自由に、花と戯れあってみてください。

point

● ハーブは輪ゴムでまとめ、大きなグラタン皿へ。はみ出してもOK。キッチンに飾れば料理の際も使いやすく、鮮やかなグリーンが気分を盛り上げてくれます。

● ハーブが少なくなってきたら、種類別にココットに入れて飾りましょう。水を張って、ローズマリーの葉を浮かべると少量でも香りが広がります。

花材●ハーブ類

"バサッと山盛り"と"小分け"、量であしらう食器をチェンジ。

日本は「おもてなし文化」が色濃く、
玄関や床の間……といったお客様目線を気にした装花になりがち。
でも、自分たちが長く過ごす場所を飾ることも大切。
食材でもあり花材でもあるハーブを、
食器を使ってキッチンに飾ってみませんか?

身近なモノを使って組み合わせ | 1
ハーブ×食器

ランチョンマットで"縁切り"、落としたベリーでプチ果樹園に。

ベリーは、"切り花"として市場で
多く取り扱われているれっきとした花材。
実そのものはよく目にしますが、
枝に成っている状態も、ナチュラルで愛らしい。
その枝ぶりを活かして
身近にあるグラスに挿してみましょう。

point
● ランチョンマットなどを敷いたり、一段上げるなど、花を飾る場所を区切って"縁切り"すると、落としたベリーも1つの作品として絶大な効果を発揮します。
● 小さなグラスに少しずつ飾り、それをいくつか配置することで、より果樹園っぽさが出ます。

花材●ベリー類

身近なモノを使って組み合わせ | 2
ベリー×グラス

花器は花器でなければいけない、なんて決まりはない。

質感＆量感ともに軽いコスモス。可憐さを演出するため、
1輪ずつ飾りたいけど、小さな花器がない……
なんて思っていませんか？
水が溜まれば何でも大丈夫。発想次第です。
身近にあるモノを、うまくリユースしましょう。

花材●コスモス
（その他の材料：
新聞、しょう油入れ）

point
- 新聞をクシャッと丸めると"可愛い"オブジェに。コスモスの可憐さが引き立ちます。新聞は読んだ後、包むときも利用可能な万能選手。"輪廻転生アイテム"として装花に取り入れて。
- 「しょう油入れ」は口がすぼまっているので、コスモスのような、ひょろっとした花を挿すには最適。"一輪挿し"感覚で茎の曲がりを活かしましょう。

身近なモノを使って組み合わせ｜3
コスモス×しょう油入れ×新聞

point
- ビンに入れることで、花の向きを設定することが可能に。正面を向かせたり、うしろ姿を見せたり。ビンをくるくると回して、ベストポジションを決めて。
- ヒマワリの黄色が映えるよう、無地の壁紙の前にズラリ。飽きたら、ビンごと違う場所へ移動して、あらたなフォーメーションで飾ることも。

花材●ヒマワリ、アイビー

すべての花が、正面を向いていなくてもいい。
花の向きは花が決める。

背の高い花は、グラグラして安定しづらくて苦手……
それならば、安定する花器を用意しましょう。
ある程度高さと重みがあって、口がすぼまった空きビンは、
もってこい。背景となる壁紙の色に合わせて、
ビンの色味を統一するとさらにアート感が高まります。

身近なモノを使って組み合わせ│4
ヒマワリ×空きビン

point
- カンの青色を強調するため、反対色の花をチョイス。また、カンの四角いラインと、マリーゴールドの丸さも対比になって魅力の相乗効果に。
- 黄色も1色だけではなく、薄い黄色〜オレンジと濃淡をつけると、より鮮やかさが際立ち、フォトジェニックな仕上がりに。

"花器発信"で花を飾る。
色や形を活かし、花を合わせる。

「素敵な花瓶を買ったから……」と、"花器発信"で花を飾ることも多いのでは? 今回用意したのは、青色とシルバーの空きカン。へこみがあったり、シールのはがし忘れがあったり、不格好な可愛さを感じて取っておいた、お気に入りの空きカンを主人公にします。

花材●手まり草、マリーゴールド

身近なモノを使って組み合わせ | 5
マリーゴールド×空きカン

point
- ホーローは白色を選ぶと、ガーデンになじみやすく、かつ花の映りもよくなります。統一感や並べ方にこだわって。
- アルストロメリアは、360°方向に花が咲いているため、どの角度からも花の顔が見える、ガーデン向きの花。10本ほどまとめて活けても、球体になって可愛いです。

器を並べて規則性をもたせると、テーブルに物語が生まれる。

ガーデンテラスやベランダなど、外でのティータイム。
庭の花を眺めるのも楽しいですが、
テーブルに花をあしらってみては? 自然の中に飾るとき、
繊細な花器だと少し違和感が。
そこで、丈夫なうえ美しく、花の色にも合わせやすい、
ホーロー容器をおすすめします。

花材●アルストロメリア、ギボウシ、カラテア、ハゴロモジャスミン

身近なモノを使って組み合わせ│6
アルストロメリア×ホーロー容器

point
● 枝ものは、ラインやボリュームが自然のままで完成されているので、ただざっくり入れ込むだけで、インパクトや季節感が出ます。手軽で優秀なインテリア雑貨ともいえます。
● 長さ調節の際、のこぎりがなければ、少しずつハサミで斜めに削る手法も。また、縦に十文字に切れ込みを入れてから切ると、楽チンです。

花材●夏ハゼ

枝ものは"そのまま"で完成。ただ入れ込むだけで絵になる。

大きな器がないから、枝ものは飾らない、という方、結構多いと思います。
でも、花用の器でなくてもいいんです。
家にある縦長っぽいもの、探しましょう。
陶器の傘立て、これ、意外と使えます。あるものを利用する――それが、花と暮らす知恵です。

身近なモノを使って組み合わせ|7
夏ハゼ×傘立て

point
- ガラスの器にかき氷を盛って、その上にホオズキを。氷は溶けますが、白に朱色が映える刹那を楽しむのも一興です。
- 季節も考えて組み合わせられる楽しみも。夏の風物詩であるホオズキと氷で、見るだけで涼みます。

花材 ● ホオズキ、ヤマゴボウ

置くだけでサマになる花の世界。
花や実が自己主張を始める手助けを。

素材が活きるエリアをつくってあげれば、
置いただけで花や実が勝手に自己主張を始めてくれます。
そのためには、シチュエーションを整えることが第一。
赤い皿にマツボックリで、クリスマス仕様。
ビー玉で埋めた皿に、青い紅葉を載せて、涼やかに。
和紙の上に、松葉と南天を置くだけで、
お正月仕様にも。とにかく舞台を整えてあげれば、
何を置いてもOKです。

身近なモノを使って組み合わせ｜8
ホオズキ×氷

point

● 白いアジサイの中央にトウガラシを挿します。黒を際立たせるためには、背景を消すことが大切。クリアな白に合わせると、映え方が違います。

● 黒のトウガラシをまとめて、白い花を添えるという、別アレンジもおすすめです。

花材●コニカルブラック（トウガラシ、上写真）、アジサイ

背景を消す……
黒を活かす最大のテクニック。

トウガラシといえば、赤や黄色が主流ですが
今回は珍しい真っ黒なトウガラシを使います。
花は基本、カラフルな世界。ここまで漆黒の花は、貴重です。
このトウガラシで、モノクロの世界をつくりあげましょう。

対比を楽しむ | 1
黒と白

point

● ガラスの試験管を並べる際は、水も"作品"の一部と考えて。1つずつ入れる量を変えるなど、リズムをつけてアイビーとのバランスをまとめましょう。

● アイビーはペンなどに巻いて、くるくるとしたクセをつくったり、雰囲気を出すと楽しいです。

花材●アイビー

試験管にビーカー……無機質な空間に、アイビーのナチュラルな表情を。

年中出回っているアイビーは、ありきたりで
無難なまとめ方になりがち。
一方、ガラス製の試験管は繊細でアーティスティック。
洗練されたデザイン性が、平凡になりがちな
アイビーを引き立たせ、
無機質な天板も、その世界観を高めます。
意外な小物を使って、スタイリッシュにまとめましょう。

対比を楽しむ | 2
無機質とナチュラル

point

● ウッドチップや、読み終わった雑誌などの「廃材」を、自宅の一画に山のようにまとめて頂点にアーティチョークを。非ナチュラルな小物がナチュラルを活かします。

● アーティチョークの美しさを強調するため、花の首元ギリギリで切断し、"床から根を生やして咲いている"という発想で飾ります。

花材●アーティチョーク

廃材に花の生命力を。「最後」のモノに、新たな「始まり」を与える。

アーティチョークは、1輪だけで圧倒的なパワーを発する花。
その力強さを浮き立たせるため、「生命力」と対極にある、
「廃材」をイメージした小物をチョイスします。
意外な組み合わせで、リビングにもマッチする
躍動感ある花のアートをつくりあげましょう。

対比を楽しむ | 3
終わりと始まり

point
● 花瓶には、こんもりと立体感をつけて入れます。真ん中に1本、印象的な色のものを配置し、色の移り変わりを楽しみましょう。
● 1つ1つのガクを切り取り、水を張った皿に浮かべるミニマムな飾り方も。軸の長さに変化をつけて、角度をつけると表情が出ます。ガクが透ける過程も見逃さないように。

"色"と"形"の移ろいこそ、醍醐味。

アジサイは、品種によって微妙に形が違ってきますが、
シンプルに飾るなら"色"でバランスを取りましょう。
上下や円形でグラデーションにしたり、前後で濃淡をつけたり。
細やかな色の集合体を、存分に活かしましょう。

花材●アジサイ

同じ花材で2パターンアレンジ | 1
アジサイ

point

● リンドウを節ごとに切り分けて、背の低い器に詰めていき、"面"をつくります。お弁当箱を詰める感覚で入れると、彩りや雰囲気がつかみやすいです。

● 高さを活かして"線"を見せるときは、花は少なめにしてラインを強調。また、低い葉などを添えて落差のバランスでまとめていきます。剣山代わりに小枝などを組み合わせて代用するのも手です。

花材●リンドウ、ヤツデ、ハスの実、ビバーナムなど

切り方を変え、
"面"と"線"をつくる。

背が高いリンドウ。そのままの形を
楽しむのもいいですが、花の節で切り分けると、
アレンジの幅が広がります。
そんな凛として涼やかな印象のリンドウを、
"面"と"線"で表現します。

同じ花材で2パターンアレンジ ｜2
リンドウ

point
● 花首ぎりぎりに切ったものをフチに置き、アルミパンの存在を消します。長めに切ったものは中心に置いて高さを出し、こんもり感を。
● ラグに柄を描くように、カーネーションを配置。モシャモシャ×フリフリのコラボで、リビングで異彩を放つこと間違いなしです。

モシャモシャのラグに咲く、フリフリのカーネーション。

「母の日」のイメージが強すぎて普段は避けられがちなカーネーション。主役としての登板は少ないですが、色の種類が豊富でフリルのごとくボリュームがあるため隙間を埋める名脇役といえる花なんです。
今回はラグを主役に、その潜在能力を発揮させてみました。

花材●カーネーション、セダム

こんなところに、花｜1
カーネーション

point

- 煙のように見えることから命名された、スモークツリーをまとめて花瓶へ。イメージは"空に浮かぶ雲"です。
- 花の周りには、サプライズにちなんだ小物をちりばめて、会話を促すきっかけに。

花材●スモークツリー

ソファーの上に座るスモークツリー。花を、会話のきっかけに。

フカフカとした不安定なソファーの上に、花瓶があったら「危ない」と思わず手を伸ばすのでは?
実はそれが狙い。
持ち上げた花瓶の下には、サプライズプレゼントとして航空チケットがしのばせてあって……。
伝えたい思いを込めて、相手を想いながら、花を飾る。
そんな過程も幸せな時間です。

こんなところに、花 | 2
スモークツリー

Flower Method | 03
花と話す

花は遠い存在ではありません。言葉では伝わらないことも、花は伝えることができます。心をつなぐ花は、世界の共通語。花と会話するように向き合うと、新しい世界が待っています。

ヒマワリって、
元気なだけじゃない。

「ヒマワリの絵を描いて」というと、
ほとんどの人が、
黄色くて大きな背の高いヒマワリ……を描きますよね。

でも、ヒマワリは多種多様で、
"元気印"だけではない、
色っぽい雰囲気のものも
多くなってきています。

今回は、
大人っぽいヒマワリ
に合わせて
茶系でまとめました。
ヒマワリ×入れ物×
ハゲイトウと茶系の
ワントーンにすることで
上品で落ち着いた趣に。

花材●ヒマワリ、ハゲイトウ

また、ヒマワリといえば
太陽に顔を向ける上向きのイメージですが、
下を向いたり、背中を見せたりする飾り方でも
色っぽいと思います。

器が10のスペースがあるからといって
10すべてを埋めなくてもOK。
こんな感じに少し上部にスペースを設けると
より花の存在感が引き立ちます。

Flower Story | 1
ヒマワリ

しおれない、しぼまない。
ないと寂しい、暑苦しさ。

熱血漢って、わりと敬遠される傾向がありますよね。でも、
暑苦しい存在って、ないと寂しいものなんです。

このアマランサスは、まさに、暑苦しい花の代表格。
花の名前は、「しおれない、しぼまない」「不老不死」という意味の
ギリシャ語からきています。

インカ文明の時代から、
南アメリカでは
穀物として種が食べられて
いたそうで、日本へは、
江戸時代に観賞用の植物
として渡ってきました。

種子は近年、カルシウムや
ビタミンB_6などの栄養素を
豊富に含む
「スーパーグレイン（驚異の穀物）」
として注目され、免疫力の向上やアンチエイジングにも
効用があるそうです。

花材●アマランサス

見た目も1〜2mと大きく、存在感のあるアマランサス。
高い家具の上に、背の高い花器を置いて、
飾るのがおすすめです。
高さある花を、高さある花器で、高いところへ。
すると、消しようのない存在感となって
空間を支配してくれるはずです。

ドレッドヘアのような穂先は、
家具に沿わせたり垂らしたり
柔らかいので、アレンジ自在ですよ。

Flower Story | 2
アマランサス

"雑草"でおもてなし。
花を使わなくても、華やかさは生み出せる。

家に飾るのは、
花屋さんで買ってきた花や、庭で育てた花でなくてもいいんです。

予算はないけど、おもてなしの心を表したい……
そんなときは、いわゆる"雑草"と呼ばれる草を使うのも手。
素材の高いor安いは
関係なし。
華やかさは、花でなくても
生み出せる……そんな
可能性を信じてください。

自然を愛する人
のために飾るなら、
ネコジャラシも立派な花材。

晩夏〜秋が旬。
茎が弓なりに曲がっていて、
あちこち向くのが"味"です。

花材●エノコログサ（ネコジャラシ）、サラセニア、ビバーナムコンパクタ、ククミスなど

その自由さをまとめるのが、下に敷いたトレイ。
しっかりとデザインの枠を決めることで、
世界観をもたせます。

メインとして使用されることがない花材も、
工夫次第で主役に。
カラフルな木の実を添えると、
より彩り豊かな季節感を演出できます。

大切なのは、相手のことを
考えて飾ること。
豪華な花でなくても、気持ちは表現できます。

Flower Story│3
ネコジャラシ

燃えてこそ……
生き残る花もある。

花はよく知っていても、
花の種は見たことがない……という人は多いのでは?

このバンクシャーは、オーストラリアの代表的な花。
そして、今回は、その種を扱ってみました。

オーストラリアの
熱帯乾燥地域では
自然発火による山火事が
頻繁に起こるそうですが、
その山火事の熱で
バンクシャーの堅い殻が
はじけて、中の種が
周囲に飛び散るのだとか。
さらに、
このバンクシャーの種は、
火事で焼けた大地でのみ発芽するという
特徴的な生態を持っています。

花材●バンクシャー

燃えてこそ、子孫を残すことができる
バンクシャー。まるで、熱烈な恋愛の末に
結ばれた男女が子供を持つかのような
生命力にあふれた花なのです。

見た目も由縁もインパクト大の花ですから、
その力強さを活かすためにも、
パンチのある花器を用意しましょう。

ブリキのカン以外にも、
ブロックなどを組んでそこへ挿しても
荒々しく、かつミニマムで素敵ですよ。

Flower Story | 4
バンクシャー

72 | 花と遊ぶ Flower Method

トルコ生まれじゃないけど、トルコキキョウ。

トルコキキョウは、
原産地はトルコ……ではなく北アメリカで、
キキョウと名乗りつつ……リンドウ科という不思議な花。

蕾の形がトルコ人のターバンに似ていたからとか、
青紫色がトルコ石や
地中海の色を連想させる
からとか、その命名には
諸説あります。

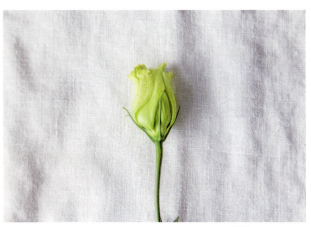

花材●トルコキキョウ

そんなトルコキキョウは、
花びらのフォルムに
厚みがあり安価でありながら
ゴージャス感を出せる
とあって
近年、女性に大人気。

さまざまな種類がつくられているので
こうして金平糖のように、
バラバラの色合わせで遊んでみては?

女性は普段から
メイクやファッションはもちろん
皿の上のお料理などで
色合わせを学び&研鑽しているので
難しそうに思えても
花でも簡単にできますよ。

Flower Story | 5
トルコキキョウ

74 | 花と遊ぶ Flower Method

自分の綺麗を生み出すエリアこそ、エレガントに。

バンダには
「個性的」「上品な美しさ」「華やかな恋」「エレガント」……
といった花言葉があります。

その花言葉を最大限に活かす装花スポットが
ドレッサーです。

ドレッサーは、
女性たちにとって
"一番綺麗な自分"
を生み出す場所。
日常から非日常へと装い
変身する
切り替えスポットですよね。

だからこそ、
強い花言葉を持ったバンダを
置いてほしいのです。

蘭の仲間であるバンダは、
花びらに厚みがあるので、1輪だけでも存在感はタップリ。
また、花びらの模様も表情豊かで
妖艶な雰囲気が漂います。

香水のビンなど、
美しいガラスに挿し
ドレッサーに並べて飾ってみてください。
綺麗のスイッチが
入りやすくなるはずです。

花材●バンダ、スチールグラス

Flower Story | 6
バンダ

花には、
物語をもたせる。

ピンクッションの花言葉は「どこでも成功を」。
これから新たな旅立ちを迎える人にピッタリの縁起のいい花です。

花を贈るとき、花屋さんで予算を告げて
すべてを任せることも多いと思います。
その際、つくる側としては、
贈る相手の"顔"が見えたほうが
より、心に響く花をつくりあげることができます。

花を選んで、注文して、束ねて、
ラッピングして……という
一連の動きを「作業」にせず、
物語をもたせることを意識してみませんか?

そうすると、できあがった花を渡す際、

「あなたの門出であることを相談したら、
店員さんがこの花をすすめてくれたよ」
「花言葉は『どこでも成功を』なんだって」

と、あれこれ語ることができ、
そこから会話も広がります。
「ただ花を贈った」で終わりではなく、
お互いの記憶に刻み込まれるはずです。

また、花をブーケにするだけでなく、
こうしたバッグでラッピングすると
持ち運びやすいうえ、
その人らしいプチギフトもしのばせられます。
相手の喜ぶ顔を思い浮かべながら、
つくってみてください。

花材●ピンクッション

Flower Story | 7
ピンクッション

03 花と話す | 77

食わず嫌いは、
もったいない。

紅の木は名前のとおり、中の種をつぶすと
まるで口紅のような赤い色が広がります。

もともと熱帯アメリカ原産の植物で、古くから
先住民が化粧やボディペインティングに、
この紅の木を
利用したそうです。

現在も、口紅に使われたり
食用色素として
利用されています。

色が強く、特徴的な
フォルム。
家に上手に飾るのは
難しそう……と
敬遠されてしまいがちですが、
"食わず嫌い"せず、まずは手に
取ってみてください。

難しい花は、素材感を合わせるのも
1つの手段。

花材●紅の木

モサモサとした紅の木には、
温かみを感じるカゴを用いると、
一体感が出ますよ。

「おもしろい」と思う花に出会ったら、
難しそうに思えてもスルーせず、まずは
手に取ってみてください。そして、使える花
の範囲を、どんどん広げていきましょう。

Flower Story | 8
紅の木

Flower Method | 04
花を魅せる

満開に咲いている花は、当然綺麗です。でも、萎れていたり、枯れていても、花は花。すべての花が美しいのです。ここでは、花の魅力を十分に引き出すための、ヒントを紹介します。

Method

インパクトがある花は、
他の花材と合わせにくいんです。
だから、無理に合わせず
1輪で魅せましょう。
プロテアは大きくて個性的な花だけに、
それに負けない、存在感があって
重みのある花器を探しがちですが、
あえて花器ではなく、どっしりした洋書を
使うことを提案します。
本を開いて立てると、
オブジェのごとくしっかりとした土台となり、
重い花を支えてくれますよ。

How to

本の裏側のタネ明かしは……こちら！
グラスやペットボトルに
水を入れたものを隠しているだけ。
本に花をもたせかける形で、
安定させています。
この方法なら、本以外の小物でも
応用できると思います。

Flower Design | 1
1輪で魅せる

Method

「花+グリーン」という組み合わせは、
よくあるパターン。でも、
"付け合わせ"なしで、1種類の花で勝負！
みたいな飾り方もカッコイイですよね。
デルフィニウムの場合、
スッキリした縦のラインとブルーが
映えるよう、丸くて黒い器をチョイス
するのがポイント。
自宅にあるトレイなどに水を張っても、
同じようなあしらいが楽しめます。

How to

茎の下の方に付いている花は、
水に浸かると傷むので
いさぎよく取って浮かべましょう。
剣山の周りに集めると、
目隠しの効果も。

Flower Design | 2
1種類で魅せる

Method

ピンクとグリーン、
雰囲気が全然違いますが、どちらも
ラナンキュラスなんです。
この2種類のおもしろさを対比させつつ、
同化させる。
そんな魅せ方をかなえるのが、
五線譜の音符のように、心地よい間隔と
高低差をつけた挿し方。
目線が自然と交互に向き、それぞれを
楽しめます。

How to

花の個性や特徴が何なのか……を
考えましょう。
ピンクのラナンキュラスは花、
グリーンのラナンキュラスは茎……など
魅せるべきパーツが分かれば、
魅せ方も自然と決まります。

Flower Design | 3
2種類で魅せる

Method

スイートピーは、
フレアスカートのような柔らかな花びらを
際立たせたいですよね。
そこで、花を1個ずつ切り取って、花の顔
が上に向くように器に詰めていくと
ラッフルブラウスのようにエレガントな
仕上がりに。
スイートピーはパステル系のイメージ
が強いですが、こういった
渋いカラーのリリアンという品種を選ぶと
シックなインテリアにも馴染みます。

How to

花が付いている節ごとに切り分けましょう。
花器に詰める際、
いくつか蕾も入れると
平坦にならず、アクセントがついて
表情が生まれます。

Flower Design | 4
花びらを魅せる

Method

フリージアの蕾は、
電線に雀が"チョンチョン"と
仲良く並んでいるみたいで可愛いですよね。
ただ、ガサッと束で飾ると
蕾は埋もれてしまいがちなので
グリーンの土台から
「飛び出す絵本」ならぬ「飛び出す花」
方式にしてみました。
"チョンチョン"と連なった蕾を主張するのに、
視覚効果抜群です。

How to

グリーンの土台は"くるりんぱ"。
葉をまとめて、中央部分からバナナの皮を
むくようにひっくりかえして留めるだけ。
昔、ススキでフクロウをつくりませんでした?
あの要領です。

Flower Design | 5
蕾を魅せる

Method

葉は、敷いたりスッと伸ばしたりと、
直線のラインで使いがち。
でも、葉の端に「斑」が入った
ニューサイなら丸めて使ったほうが、
楽しいリズムが生まれます。
口がしっかりすぼまった花器を使って
葉を扇状に豊かに広げて、
涼やかな一画をつくりあげましょう。

How to

くるくる自由に巻いて、形が決まったら
ホッチキスで留めるだけ。
外巻きにしてつるつるの表面を魅せるか、
内巻きにしてざらっとした
裏側を魅せるか。そのチョイスで
仕上がりも違ってきますよ。

Flower Design | 6
葉を魅せる

Method

チューリップは、特に八重咲きで
大きな花になると
切り花でもどんどん茎が伸びたり、
頭が少しずつ下がってきます。
そのありのままの姿を活かし、茎の生命力
を讃美する入れ方もおすすめです。
色つきの花だと、どうしても
花だけに目がいきがち。
茎と同じグリーンのものをチョイスすると、
全体のフォルムで魅せられます。

How to

葉を落とす際、つい逆側に
めくって"べりっ"と剥がしていませんか？
これはNG。余分に皮がめくれて、
茎が傷むんです。
人間でいうサカムケのような。
ハサミの刃を茎に対して
直角に当てて切りこみを入れ、
そっと端から少しずつ葉をむくと、
茎を傷めず綺麗に取れます。

Flower Design | 7
茎を魅せる

Method

虫食いがあるものって、花材に限らず
食材でも"よろしくない"とされがち。
でも、虫食いがあったり枯れたりするのは、
生命力があるからこそ。
その美しさに心奪われる紅葉は、
実は"枯れ"の集合体ですが、
素敵ですよね。
そう考えると、椿の虫食いの穴も
味わい深い
芸術ポイントになり得るんです。
花に"綺麗"ばかりを求める段階から
一段上がって、
枯淡の趣を楽しみましょう。

How to

虫食いや枯れを効果的に
魅せるため、枝を剪定します。
メイクやオシャレと同じように、
花も引き算。
魅せる部分を決めたら、
余計な部分は取り除いて。

Flower Design | 8
虫食いを魅せる

Method

ドサッと量で勝負……の王道といえば、
昭和の頃はカスミソウでした。
今なら、パンジーがおすすめ。
鉢植え用だけじゃなく、切り花としても
いろんな種類がそろっていて、
色や形をあれこれ楽しめます。
量がある場合は、"ドサッ"と"無造作"に。
雰囲気がつくれます。

How to

器全体に入れ込もうとせず、
少し重心を傾けると
花々の表情が変化します。
きっちりした構図は、
安定はするけど無機質で堅苦しいもの。
危なっかしいバランスこそ、
目を引き付けます。

Flower Design | 9
量を魅せる

Method

アネモネは、色をMIXして出荷
されるのがお決まり。
例えるなら、
1つの味だけに特化するのではなく、
いろんな味を混ぜて売っている
「サクマ式ドロップ」のような。
つまり、1束で何色も楽しめる花……という
ワケなんです。
そんなアネモネは、ジェリービーンズっぽく
ガラスのキャニスターに入れると、
カラフルさがより際立ちますよ。

How to

花の根元あたりを、
いったんキュッとまとめておくと
花が開いたとき、
全体がラウンド型になって
見栄えがします。

Flower Design | 10
色を魅せる

Method

アンスリウムは、
1輪でスッキリ魅せるのも
素敵ですが、
1つのアンスリウムを"花びら"と考え、
何本かをまとめて集合体にし、
新たな"大きな花"という形にして
魅せる方法も。

How to

集合体を、しっかりした"1つの形"として
魅せるためには花材の色やサイズ選びも
ポイント。葉脈が見えていたり、
芯が濃い色だったり……
パンチのあるものを選ぶと、全体が
アーティスティックに仕上がります。

Flower Design | 11
形を魅せる

Method

花は、色・形・大きさ・珍しさ……など
が求められますが、
最近は質感を求められることも。
ラムズイヤーは、"子羊の耳"という
名のとおりフカフカな質感。
その表面は柔らかな白い毛で覆われ、
まるでぬいぐるみのような触り心地です。
そんな温かみを活かすため、
白い毛＝繊維ととらえ、
素材感を合わせて、麻紐の糸玉を花器に。
温かみの相乗効果を狙いましょう。

How to

糸玉の中に
水を入れたグラスを
しのばせて、
給水しましょう。

Flower Design | 12
質感を魅せる

Method

花の香りは、ある程度近づかないと
分かりません。
そこで、おもしろい花器に入れる作戦。
「わあ、これ何？」と引きつけて、
香りも楽しんでもらうという図式です。
インパクトある多肉植物群、エケベリアの
中に白い花、トリテリアを入れ込みます。
ゴツゴツ感と清楚な花の対比は、
まるで美女と野獣。
そぐわない物同士の取り合わせって、
本当に注意を引きます。

Method

香り高いヒヤシンスを入れた花器を
水ゴケで覆い、インパクトを出します。
こちらも、「わあ、これ何?」の
図式です。水ゴケは、
乾燥してもまた水に浸ければ元どおり。
繰り返し使えるので重宝しますよ。

Flower Design | 13
香りを魅せる

Flower Design | 14
角度で魅せる

Method

パフィオペディルム、この花の名前は「ヴィーナスのスリッパ」という意味のギリシャ語に由来します。スリッパを綺麗にそろえるのは、ありきたり。でも、少し角度を変えてあげると、途端に新たな顔を見せてくれます。美しい花は、どの角度からでも美しいので、怖がらず、あれこれ触りながらベストポジションを探ってみましょう。

How to

ブロックなどに挟んで角度を変えるもよし、小さな容器に入れて容器ごとぐるぐる回すもよし。日々、角度を変えて楽しむのも一興です。

How to

球根を飾る……とは
およそ考えつかない突飛な容器
などを使うと、非日常感が高まるので
気分次第で自由に飾っても、
アートとしてまとまってくれます。

Flower Design | 15
気分で魅せる

Method
球根って、きちんと立てて水耕栽培に
しなくては……と思っていませんか？
でも、自分の気分次第で
どういう活け方をしてもいいんです。
このムスカリも、寝かせてみたり、
根を大胆に見せたり。
まるで、食材を並べるように
"ありのままの姿"で飾ることも
自分の気分がそうなら、そうすれば
いいんです。
固定観念に縛られず、気分で楽しみましょう。

Flower Method | 05
花を贈る

見る人に「心」を伝える……感謝や愛情、おもてなし。季節の行事を通して、人が集い、楽しみ、心を通わせるときの花。花の量や質は関係ありません。自分らしく、心を込めて。

特別な日に、
心を伝える花
1

おもてなし

特別な日に、
心を伝える花

2

贈り物

特別な日に、
心を伝える花
3

母の日

116 | 花と遊ぶ Flower Method

特別な日に、
心を伝える花
4

父の日

特別な日に、
心を伝える花
5

お祝い

特別な日に、
心を伝える花

6

クリスマス

特別な日に、
心を伝える花

7

お正月

Flower Index 花材名索引
●本書は主に使用した花材を掲載しています。ページ内順不同。

ア
- アーティチョーク………52
- アイビー………38、50
- アガパンサス………28
- アジサイ………48、54
- アネモネ………100
- アマランサス………66
- アルストロメリア………42
- アンスリウム………102
- エケベリア………28、106
- エノコログサ………68

カ
- カーネーション………58
- ガーベラ………10
- カラー………24
- カラテア………42
- ギボウシ………42
- ククミス………68
- グリーンネックレス………26
- クルクマ………22
- ゲーラック………22
- コスモス………36
- コニカルブラック………48
- コロニラバリエガーダ………26

サ
- サラセニア………68
- 芍薬………14
- スイートピー………88
- スカビオサ………20
- スチールグラス………74
- スプレーバラ………16、18
- スモークツリー………60
- セダム………58

タ
- ダリア………8
- チューリップ………94
- 椿………96
- 手まり草………40
- デルフィニウム………84
- トリテリア………106
- トルコキキョウ………72

ナ
- 夏ハゼ………44
- ニューサイ………92

ハ
- ハートカズラ………14
- ハーブ類………32
- ハゲイトウ………64
- ハゴロモジャスミン………42
- ハスの実………56
- パフィオペディルム………108
- バラ………12、16、18
- バンクシャー………70
- パンジー………98
- バンダ………74
- ヒマワリ………38、64
- ビバーナム………56
- ビバーナムコンパクタ………68
- ヒヤシンス………107
- ヒューケラ………18
- ピンクッション………76
- ブドウ………24
- フリージア………90
- プロテア………82
- 紅の木………78
- ベリー類………34
- ホオズキ………46

マ
- マトリカリア………26
- マリーゴールド………40
- 水ゴケ………107
- ムスカリ………110

ヤ
- ヤツデ………22、56
- ヤマゴボウ………46

ラ
- ラナンキュラス………86
- ラムズイヤー………104
- リプサリス………10
- リンドウ………56
- レインボーファン………16

赤井 勝 Akai Masaru

1965年、大阪府生まれ。自らを「花人」と称するフラワーアーティスト。在大阪ロシア連邦総領事館の装花、サントリーホール30周年記念ガラ・コンサート装花担当。「パウロ6世ホール」にオブジェを制作、ローマ法王ベネディクト16世にブーケを献上。ウクライナ大使館主催「赤井 勝 装花の会」を開催。在日各国大使夫人へのフラワーレッスンをはじめ、北海道洞爺湖サミットなどの政府主催イベントの装花、伊勢神宮式年遷宮の献花奉納など、独創的な作品は国内外で高く評価されている。

協力
株式会社ワタナベエンターテインメント
emi flower
AMS gallery

写真撮影
鈴木康之 株式会社 DETALE&WORKS
石塚定人

スタイリング協力
佐久間彩子

ブックデザイン
木村裕治 木村デザイン事務所

編集
仁藤輝夫
藤川恵理奈

編集協力
渡辺奈穂美

撮影協力
AWABEES　UTUWA

花と遊ぶ
Flower Method

2017年3月15日 初版第1刷発行

著者
赤井 勝

発行者
原 雅久

発行所
株式会社朝日出版社
〒101-0065
東京都千代田区西神田3-3-5
電話 03-3263-3321（代表）

印刷・製本
大日本印刷株式会社

© Akai Masaru, 2017 Printed in Japan
ISBN 978-4-255-00981-0
乱丁、落丁本はお取り替えいたします。
無断で複写複製することは著作権の侵害になります。
定価はカバーに表示してあります。